Peter Huchel, Die Sternenreuse

Peter Huchel zählt zu den bedeutendsten deutschen Lyrikern des zwanzigsten Jahrhunderts, ihm verdankt die deutsche Literatur einige ihrer schönsten, bleibenden Gedichte. »Die Sternenreuse«, erstmals 1967 im Piper Verlag erschienen, versammelt die wichtigsten Texte Peter Huchels aus den Jahren 1925–1947.

»Ein Mann«, so Walter Jens, »vor dessen Kunst wir uns verneigen, hat gezeigt, daß es auch in unserer Zeit noch möglich ist, das Schwierige einfach zu sagen; er hat bewiesen, daß die Dunkelheit dort endet, wo Genialität und moralische Kraft, Kalkül und Zeugnis sich vereinen. Wo endlich wieder ernst gemacht wird und wo man den Glanz der Hoffnung so wenig leugnet wie die Melancholie des Erinnerns und, Polybios unter den Römern, die Verpflichtung zum Belehren so ruhig anerkennt wie die Verzweiflung und Würde des Todes.«

Peter Huchel, geb. 1903 in Lichterfelde bei Berlin; Studium der Philosophie und Literatur; 1945 bis 1948 künstlerischer Direktor des Ost-Berliner Rundfunks; 1949 bis 1962 Chefredakteur der Literaturzeitschrift »Sinn und Form«; 1971 Übersiedelung in die Bundesrepublik. Träger vieler Literaturpreise, u.a. des Fontane-Preises, des West-Berliner Kunstpreises für Literatur, des Österreichischen Staatspreises für europäische Literatur und des Andreas-Gryphius-Preises.

Serie Piper:

Peter Huchel

Die Sternenreuse

Gedichte 1925–1947

R. Piper & Co. Verlag

ISBN 3-492-00521-7
3. Auflage, 6.–10. Tsd. 1981
(1. Auflage, 1.–5. Tsd. dieser Ausgabe)

Umschlag Zembsch' Werkstatt, München
Gesamtherstellung Clausen & Bosse, Leck
Printed in Germany

I

Kindheit in Alt-Langerwisch

Kindheit, o blühende Zauch,
wo wir im nußweißen Tag,
klein im Holunderrauch
waren den Hummeln nach.

Vor uns die Wolken schön
liefen wie jappende Doggen.
Dengeln und Wetzsteingetön
herrschten im Roggen.

Mund und Tasche war froh,
wenn ich ins Kellerloch kroch,
wo es unten nach Winterstroh,
Nüssen und Äpfeln roch.

Barfuß im Sauerampfer
lief ich zum Brombeertische,
Weide, der morsche Zaun
warf mich in Brennesselbüsche.

Abends die Pumpe schrie,
drämmernde Eimer füllte.
Groß an der Tränke das Vieh
stampfte und brüllte.

Nacht kroch an, von Spinnen bewohnt,
blakte das weiße Stallicht aus.
Und wir huschten grau im Mond
noch mit Hund und Fledermaus.

Hörten den Knecht beschwören die Kuh,
Kranke von Schierling und Klee:
Milch, blaue Milch, Satansmilch du,
im Namen des Vaters vergeh!

Seufzte am Maul der Kühe das Heu,
Gott, wie schliefen im Schlafe wir treu,
nachts im strohwarmen Bette.

Und die Träume flogen wie Spreu,
warfen ins Haar die duftende Klette.

Herkunft

Daß ich kam im Schattenwind,
weiß davon das Haus?
Birnen duften mürb im Spind
alten Sommer aus.
Wo der Flegel sausend drosch,
fliegt das Korn zuhauf.
Wo am Bett das Öl erlosch,
liegt das Laken auf.

Als ich mit verharztem Haar
in die Kiefern kroch,
klangen laut vom Schwalbenjahr
Dach und Kammer noch.
Nachtgeläut umweht das Haus.
Und durchs kalte Tor
gehn die Freunde still hinaus,
die ich längst verlor.

Und der Kesselflicker auch,
der am Feuer saß,
hämmernd und im Küchenrauch,
den ich lang vergaß,
vor mir hockt er krumm und alt
und zigeunerisch,
kam nachts aus dem Krähenwald,
suchte Herd und Tisch.

Eh die Magd die Vesper bot
und vom Brotlaib schnitt,
ritzte sie das Kreuz ins Brot,
gab den Glauben mit.
Wenn es grün am Himmel tagt,
ob sie feldwärts eilt,
dienend noch, die graue Magd?
Weiß ich, wo sie weilt?

Und der Knecht, der grübelnd sann,
war der Tag kaum hell,
forschend, was die Spinne spann,
lief im Netz sie schnell,
seilte sie die Fäden fest,
zog ein Sturm herauf,
Regen blieb lang im Geäst,
war sie träg im Lauf.

Alle leben noch im Haus:
Freunde, wer ist tot?
Euern Krug trink ich noch aus,
esse euer Brot.
Und durch Frost und Dunkelheit
geht ihr schützend mit.
Wenn es auf die Steine schneit,
hör ich euern Schritt.

Wendische Heide

Wendische Heide, weißes Feuer,
du Bütte Gold und Mittagsspuk,
die Grille huschte, schrillte scheuer
am Stein, der keinen Schatten trug.

Uralter Hirt, dein Volk zu hüten,
gingst du im Staub der Herde nach,
die lautlos zog, wo Wacken glühten
im öden Halmfeld heiß und brach.

Moosgrünes Fenn und Erlenruten,
der Bach, die letzte Tränke kam,
und weithin gelbe Ginstergluten,
wo stachlig hing der schwarze Bram.

Umkreist vom Hund, beschirmt von Widdern
sah ich die Herde weidend ziehn,
krummhörnig und in Feuern zittern
und Lämmer müd am Wege knien.

Verstreutes Volk in großer Helle,
erscholl nicht geisterhaft Gesang?
Umklirrt von leiser Widderschelle
stand einsam dort der Hirt am Hang.

Die Magd

Wenn laut die schwarzen Hähne krähn,
vom Dorf her Rauch und Klöppel wehn,
rauscht ins Geläut rehbraun der Wald,
ruft mich die Magd, die Vesper hallt.

Klaubholz hat sie im Wald geknackt,
die Kiepe mit Kienzapf gepackt.
Sie hockt mich auf und schürzt sich kurz,
schwankt barfuß durch den Stoppelsturz.

Im Acker knarrt die späte Fuhr.
Die Nacht pecht schwarz die Wagenspur.
Die Geiß, die zottig mit uns streift,
im Bärlapp voll die Zitze schleift.

Ein Nußblatt wegs die Magd zerreibt,
daß grün der Duft im Haar mir bleibt.
Riedgras saust grau, Beifuß und Kolk.
Im Dorf kruht müd das Hühnervolk.

Schon klinkt sie auf das dunkle Tor.
Wir tappen in die Kammer vor,
wo mir die Magd, eh sie sich labt,
das Brot brockt und den Apfel schabt.

Ich frier, nimm mich ins Schultertuch.
Warm schlaf ich da im Milchgeruch.
Die Magd ist mehr als Mutter noch.
Sie kocht mir Brei im Kachelloch.

Wenn sie mich kämmt, den Brei durchsiebt,
die Kruke heiß ins Bett mir schiebt,
schlägt laut mein Herz und ist bewohnt
ganz von der Magd im vollen Mond.

Sie wärmt mein Hemd, küßt mein Gesicht
und strickt weiß im Petroleumlicht.
Ihr Strickzeug klirrt und blitzt dabei,
sie murmelt leis Wahrsagerei.

Im Stroh die schwarzen Hähne krähn.
Im Tischkreis Salz und Brot verwehn.
Der Docht verraucht, die Uhr schlägt alt.
Und rehbraun rauscht im Schlaf der Wald.

1926

Der polnische Schnitter

Klag nicht, goldäugige Unke,
im algigen Wasser des Teichs.
Wie eine große Muschel
rauscht der Himmel nachts.
Sein Rauschen ruft mich heim.

Geschultert die Sense
geh ich hinab die helle Chaussee,
umheult von Hunden,
vorbei an rußiger Schmiede,
wo dunkel der Amboß schläft.

Draußen am Vorwerk
schwimmen die Pappeln
im milchigen Licht des Mondes.
Noch atmen die Felder heiß
im Schrei der Grillen.

O Feuer der Erde,
mein Herz hält andere Glut.
Acker um Acker mähte ich,
kein Halm war mein eigen.

Herbststürme, weht!
Auf leeren Böden
werden die hungrigen Schläfer wach.
Ich geh nicht allein
die helle Chaussee.

Am Rand der Nacht
schimmern die Sterne
wie Korn auf der Tenne,
kehre ich heim ins östliche Land,
in die Röte des Morgens.

Caputher Heuweg

Wo bin ich? Hier lag einst die Schoberstange.
Und schüttelnd die Mähne auf Leine und Kummet
graste die Stute am wiesigen Hange.
Denn Mittag wars. Bei Steintopf und Krug
ruhten die Mäher müde im Grummet.

Am Waldrand, wo schackernd die Elstern schrien,
stand halb in der Erde ein Mann und schlug
mit Axt und Keil aus Stubben den Kien.
Wann war dieser Sommer? Ich weiß es nicht mehr.
Doch fahren sie Grummet, der Sommer weht her
vom Heuweg der Kindheit, wo ich einst saß,
das Schicksal erwartend im hohen Gras,
den alten Zigeuner, um mit ihm zu ziehn.

Herbst der Bettler

Das spröde Holz am Brombeerzaun
trug auswärts Früchte viel,
ganz erdige, von Sonne braun
und Regen innen kühl.

Die nachts auf blachem Felde ruhn,
sie kämmten aus das Laub,
eh sie auf drahtgeflickten Schuhn
fortzogen unterm Staub.

Oktoberbüsche, kahl und naß,
verfaulter Nüsse Riß,
im rauhreifübereisten Gras
des Nebels kalter Biß.

Wie eine Wabe, ausgeleert,
die Sonnenblume starrt.
Der Wind, der durch die Dornen fährt,
klirrt wie ein Messer hart.

Damals

Damals ging noch am Abend der Wind
mit starken Schultern rüttelnd ums Haus.
Das Laub der Linde sprach mit dem Kind,
das Gras sandte seine Seele aus.
Sterne haben den Sommer bewacht
am Rand der Hügel, wo ich gewohnt:
Mein war die katzenäugige Nacht,
die Grille, die unter der Schwelle schrie.
Mein war im Ginster die heilige Schlange
mit ihren Schläfen aus milchigem Mond.
Im Hoftor manchmal das Dunkel heulte,
der Hund schlug an, ich lauschte lange
den Stimmen im Sturm und lehnte am Knie
der schweigsam hockenden Klettenmarie,
die in der Küche Wolle knäulte.
Und wenn ihr grauer schläfernder Blick mich traf,
durchwehte die Mauer des Hauses der Schlaf.

Bartok

Hinter des Abends rußigem Schein,
als er im Stall die Kiepe flocht,
schlief der alte Bartok ein.
Morgens qualmte versengt der Docht.
Ging er nicht eben noch ums Haus,
brannte die Wespennester aus,
karrte die Kleie, senste Luzerne,
füllte das Öl in die Wagenlaterne?

Regendurstiger Acker blieb,
Kummet, Geschirr und Peitschenhieb,
Wasser und Heu und Futtergang,
kleebewachsener Wiesenhang.
Und es weht der Hahnenschrei
an dem schlafenden Fenster vorbei.
Obst auf sonnigen Latten dorrt.
Nur der Alte ist tot und fort.

Auf dem Brette über dem Herd
trocknen noch seine Kürbiskerne.
Aber ein andrer schirrt morgens das Pferd,
dengelt und wetzt und senst die Luzerne.
Hinter dem nebelsaugenden Strauch
wartet verlassen die Weidenreuse.
Abends, über des Flusses Rauch,
flattern wie immer die Fledermäuse.

Am Beifußhang

Hier lief ich barfuß einst als Kind
und trug den braunen Kaffeekrug
zur Vesper im Lupinenwind.
Der Beifuß meine Füße schlug.

Hier hielt ich oft am Roggen Rast,
zog Blüten vom Akazienast,
die schmeckten wie der Juni wild.

Und schlief im mittagsblauen Kraut,
das zitterte von Hummeln laut,
von Lerchen überschrillt.

Es rauschte aus dem Klee der Schlaf
und Beifuß meine Füße traf.
Kratzdistel stäubte blind.

Und aus dem Schlaf, der Duft annahm
vom Wind, der aus dem Sommer kam,
und aus dem Schlaf wuchs hoch der Traum
wie Beifuß aus dem Ackersaum.

Musik scholl aus dem Heidekrug.
Und Knecht und Magd, im Sensenzug,
sie zogen durch das Erntetor.
Den Strohkranz hielt ein Kind empor.

Durchs Tor fuhr auch der Bindebaum,
der trug das wilde Gras vom Traum.

Im Gras saß ich, mit müdem Haar,
das gelb verschlafen von Lupinen war.

Der Knabenteich

Wenn heißer die Libellenblitze
im gelben Schilf des Mittags sprühn,
im Nixengrün der Entengrütze
die stillen Wasser seichter blühn,
hebt er den Hamen in die Höhe,
der Knabe, der auf Kalmus blies,
und fängt die Brut der Wasserflöhe,
die dunkel wölkt im Muschelkies.

Rot blüht um ihn die Hexenheide,
fischäugig blinkt der Teich im Kraut.
Der graue Geist der Uferweide
wird über Sumpf und Binsen laut,
wo dünn der Ruf der scheuen Unken
tönt wie ein Mund der Zauberei...
Der Knabe horcht, ins Ohr gesunken
sind Wind und Teich und Krähenschrei.

Verzaubert ist die Mittagshelle,
das glasig grüne Algenlicht.
Der Knabe kennt die Wasserstelle,
die anders spiegelt sein Gesicht.
Er teilt das Schilf, das splittrig gelbe:
froschköpfig plätschert hoch der Nick –
und summt und spritzt und ist derselbe
wie einst mit tierhaft wildem Blick.

Und auch der Teich ist noch derselbe
wie einst, da dein Mund Kalmus blies,
dein Fuß hing ins Sumpfdottergelbe
und mit den Zehen griff den Kies.
Wenn dich im Traum das teichgrüntiefe
Gesicht voll Binsenhaar umfängt,
ist es als ob der Knabe riefe,
weil noch dein Netz am Wasser hängt.

Oktoberlicht

Oktober, und die letzte Honigbirne
hat nun zum Fallen ihr Gewicht,
die Mücke im Altweiberzwirne
schmeckt noch wie Blut das letzte Licht,
das langsam saugt das Grün des Ahorns aus,
als ob der Baum von Spinnen stürbe,
mit Blättern, zackig wie die Fledermaus,
gesiedet von der Sonne mürbe.

Durchsüßt ist jedes Sterben von der Luft,
vom roten Rauch der Gladiolen,
bis in den Schlaf der Schwalben wird der Duft
die Traurigkeit des Lichts einholen,
bis in den Schlaf der satten Ackermäuse
poltert die letzte Walnuß ein,
die braun aus schwarzgrünem Gehäuse
ans Licht sprang als ein süßer Stein.

Oktober, und den Bastkorb voll und pfündig
die Magd in Spind und Kammer trägt,
der Garten, nur von ihrem Pflücken windig,
hat sich ins müde Laub gelegt,
und was noch zuckt im weißen Spinnenzwirne,
es flöge gern zurück ins Licht,
das sich vom Ast die letzte Birne,
den süßen Gröps des Herbstes bricht.

Kinder im Herbst

I

Schneebeeren weiß und schaumig knallen,
wenn sie die Kinder sich zerdrücken,
die durch den roten Herbst hinwallen
und nichts als totes Laub zerpflücken.
Mit Ruten treiben sie die Stiere
und peitschen die Kastanien locker,
und flammend auf die Vogelmiere
tropft nun der Herbst sein Gold und Ocker.

Laut singend in der Nebelfrühe
ziehn sie ins krautige Gehege,
dort wo der Ampfer für die Kühe
noch steht am alten Gleis der Wege.
Der Nebel zieht die weißen Kutten
den Kindern wie ein Laken über,
und auch das Rot der Hagebutten
verdämmert milchiger und trüber.

Die Luft verraucht, noch warm vom Öle,
dort faulen blaue Haselnüsse,
das Lied schläft in der Meisenhöhle,
die Kinder planschen durch die Güsse.
Sie hörn den ödesten der Laute,
das trübe Sickern in der Brache.
Der Zeisig schweigt, die Wiesenraute
neigt sich ins Grau der Wasserlache.

II

Fern von der Dörfer Dreschflegelschlag
– o Wiesenfrühe, Septembertag –
gingen wir Kinder mit Schnur und Messer
luchwärts watend durch seichtes Gewässer,
um aus den jungen biegsamen Weiden
Ruten für Kiepen und Zäune zu schneiden.
Auf Sumpfes Rücken, schildkrötenalt,
stand vor uns der feuchte Erlenwald,
wo immer am Morgen die Sonne lag
im dichten weißen Nebel verpuppt.
Über den Wassern, grüngolden beschuppt,
schlüpfte sie langsam erst mittags aus
und flog als große Himmelslibelle
mit gläsernen Flügeln aus Herbsteshelle
blitzend um uns durchs Blättergebraus.
Auf Sumpfes Rücken, schildkrötenalt,
warf wirbelnd sein Gold der Erlenwald.

Letzte Fahrt

Mein Vater kam im Weidengrau
und schritt hinab zum See,
das Haar gebleicht vom kalten Tau,
die Hände rauh vom Schnee.

Er schritt vorbei am Grabgebüsch,
er nahm den Binsenweg.
Hell hinterm Röhricht sprang der Fisch,
das Netz hing naß am Steg.

Sein altes Netz, es hing beschwert,
er stieß die Stange ein.
Der schwarze Kahn, von Nacht geteert,
glitt in den See hinein.

Das Wasser seufzte unterm Kiel,
er stakte langsam vor.
Ein bleicher Streif vom Himmel fiel
weithin durch Schilf und Rohr.

Die Reuse glänzte unterm Pfahl,
der Hecht schlug hart und laut.
Der letzte Fang war schwarz und kahl,
das Netz zerriß im Kraut.

Die nasse Stange auf den Knien,
die Hand vom Staken wund,
er sah die toten Träume ziehn
als Fische auf dem Grund.

Er sah hinab an Korb und Schnur,
was grau als Wasser schwand,
sein Traum und auch sein Leben fuhr
durch Binsen hin und Sand.

Die Algen kamen kühl gerauscht,
er sprach dem Wind ein Wort.
Der tote Hall, dem niemand lauscht,
sagt es noch immerfort.

Ich lausch dem Hall am Grabgebüsch,
der Tote sitzt am Steg.
In meiner Kanne springt der Fisch.
Ich geh den Binsenweg.

Frühe

Wenn aus den Eichen
der Tau der Frühe leckt,
knarren die Türen, rädern die Speichen
vom Schrei der Hähne geweckt.

Noch unterm Laken
des Mondes schlafen die Wiesen, kühl und hell.
Die Sumpffeuer blaken,
die Frösche rühren ihr Paukenfell.

Mondhörnig schüttelt
sein Haupt das Rind
und weidet dunkel am Bach.

Der Habicht rüttelt
im stürzenden Wind
die Helle der Lerchen wach.

Sommer

O Nüstern des Staubs!
Feuerschlund August,
Teiche schlürfend!

Die schartige Sense
des Winds
glüht im Rohr.

Im knisternden Schatten
brütender Garben
hockt der Sommer,
den nackten Fuß
von Stoppeln rissig.

Dich will ich rühmen,
Erde,
noch unter dem Stein,
dem Schweigen der Welt
ohne Schlaf und Dauer.

Der Ziegelstreicher

Es kommt der graue Ziegelstreicher,
ich hör im Ahorn seinen Schritt,
vom Lehme runzlig aus dem Speicher
und trägt vom Stein die Lampe mit.

Er treibt im Schlaf die Küh und Kälber,
sein Stock als eine Sense blinkt.
Die Grille wetzt, wenn er am Felber
still durch des Mondes Feuer hinkt.

Und unterm Sternenjoch die Herde
zieht fromm und läutend vor ihm her,
ein plumper Schatten an der Erde,
der langsam grast die Felder leer.

Es knien im Stall die Kälber nieder,
die Ochsenglocke schwingt die Nacht.
Ich hör im Hof den Alten wieder,
der noch am Rand des Brunnens wacht.

Krähenwinter

Über Luch und Rohr und Seen
schickt der Winter Nebelkrähen,
Schatten überm blanken Eise
rudern sie im Winde leise.

Licht der Erde, du wirst arm,
landen sie im harten Schwarm,
scharren sie im Schnee der Wege,
liegt der Wind am Hügel träge.

Schwarzes Laub, das flatternd schreit,
säumen sie die Dunkelheit,
flügeltief geduckt den Nacken,
plumpt der Schnee vom Eichenzacken.

Dorf der Armen, magre Kost,
drahtig hängt das Netz im Frost.
Dunst der Nacht verwischt die Schneisen,
klagt ein Wild im Tellereisen.

Die Hirtenstrophe

Wir gingen nachts gen Bethlehem
und suchten über Feld
den schiefen Stall aus Stroh und Lehm,
von Hunden fern umbellt.

Und drängten auf die morsche Schwell
und sahen an das Kind.
Der Schnee trieb durch die Luke hell
und draußen Eis und Wind.

Ein Ochs nur blies die Krippe warm,
der nah der Mutter stand.
Wie war ihr Kleid, ihr Kopftuch arm,
wie mager ihre Hand.

Ein Esel hielt sein Maul ins Heu,
fraß Dorn und Distel sacht.
Er rupfte weich die Krippenstreu,
o bitterkalte Nacht.

Wir hatten nichts als unsern Stock,
kein Schaf, kein eigen Land,
geflickt und fasrig war der Rock,
nachts keine warme Wand.

Wir standen scheu und stummen Munds:
Die Hirten, Kind, sind hier.
Und beteten und wünschten uns
Gerät und Pflug und Stier.

Und standen lang und schluckten Zorn,
weil uns das Kind nicht sah.
Griff nicht das Kind dem Ochs ans Horn
und lag dem Esel nah?

Es brannte ab der Span aus Kien.
Das Kind schrie und schlief ein.
Wir rührten uns, feldein zu ziehn.
Wie waren wir allein!

Daß diese Welt nun besser wird,
so sprach der Mann der Frau,
für Zimmermann und Knecht und Hirt,
das wisse er genau.

Ungläubig hörten wirs – doch gern.
Viel Jammer trug die Welt.
Es schneite stark. Und ohne Stern
ging es durch Busch und Feld.

Gras, Vogel, Lamm und Netz und Hecht,
Gott gab es uns zu Lehn.
Die Erde aufgeteilt gerecht,
wir hättens gern gesehn.

Weihnachtslied

O Jesu, was bist du lang ausgewesen,
o Jesu Christ!
Die sich den Pfennig im Schnee auflesen,
sie wissen nicht mehr, wo du bist.

Sie schreien, was hast du sie ganz vergessen,
sie schreien nach dir, o Jesu Christ!
Ach kann denn dein Blut, ach kann es ermessen,
was alles salzig und bitter ist?

Die Trän' der Welt, den Herbst von Müttern,
spürst du das noch, o Jesuskind?
Und wie sie alle im Hungerhemd zittern
und krippennackt und elend sind!

O Jesu, was bist du lang ausgeblieben
und ließest die Kindlein irgendstraßfern.
Die hätten die Hände gern warm gerieben
im Winter an deinem Stern.

1929

Dezember

Nun wintert es in Luch und Lanken,
im Graben klirrt das schwarze Eis.
Und Schilf und Binsen an den Planken
stehn unterm Nebel steif und weiß.

Mit Kälte sind bepackt die Schlitten,
die Gäule eisig überglänzt.
Die Gans hängt starr, ins Hirn geschnitten.
Das fahle Rohr liegt flach gesenst.

Das Licht der Tenne ist erloschen.
Schnee drückt der kleinen Kirche Walm,
im Klingelbeutel friert der Groschen
und beizend schwelt der Kerzen Qualm.

Der Wind umheult die Kirchhofsmauer.
Des Todes karges Deputat
ist ein vereister Blätterschauer
der Eichen auf den letzten Pfad.

Hier ruhn, die für das Gut einst mähten,
die sich mit Weib und Kind geplagt,
landlose Schnitter und Kossäten.
Im öden Schatten hockt die Magd.

Die Nacht ist ihre leere Scheune.
Die toten Schafe ziehn zur Schur.
Des Winters Korn behäuft die Zäune,
furcht es die hungerharte Flur.

Der Sturm wohnt breit auf meinem Dache,
wie eine Grille zirpt der Frost.
Und wenn ich alternd nachts erwache,
stäubt Asche kalt vom morschen Rost.

Am Hoftor schwer die Balken knarren,
im Nebel läutet ein Gespann.
Ein Kummet klirrt und Hufe scharren.
Ich weiß, ein grober Knecht spannt an.

Der Wolken Mauer steht dahinter
auf Wald und See und grau wie Stein.
Bald wird das Feuer vieler Winter
in einer Nacht erloschen sein.

Die dritte Nacht April

Der Havel das Eis, den Kröten den Mund
öffnet April.
Der Himmel war vom Schnee noch wund,
ich kam auf die Welt, es regnete still
in der dritten Nacht April.

Die Milch der Mutter schmeckte gut.
Der Birkbusch wuchs, ich blieb nicht jung.
Die Nacht verdunkelte mein Blut,
der Augen braune Dämmerung.

Der Schatten meines Herzens steht
im kalten Schatten vom April,
dem feldernden, der Lerchen weht,
und in den Bäumen leben will.

Wilde Kastanie

Nicht eßbar, doch voll braunem Knallen,
wenn sie die Magd ins Feuer drückt,
die liebste Beere wohl von allen,
nach der das Kind im Herbst sich bückt:
sie hängt in rauher Stachelschale
und unterm breiten Blätterstern,
zu groß für eine Amselkralle
und für die kleine Hand zu fern.

Doch wenn der Sturm der roten Blätter
bis in die alten Wipfel stößt,
im raschelnden Oktoberwetter
die Spinne aus dem Netz sich löst,
dann springen braun Kastanienbälle
von allen Ästen der Allee,
sie rollen, von des Windes Kelle
getrieben hin auf der Chaussee.

Der Zauberer im Frühling

Der in der Weidenhöhle wohnt,
er schreitet im Nachmittagsmond,
wenn leis die Flußmusik ertönt
und den verschilften Weg verschönt.

Er schleift im Kreis den langen Rock,
die Hand am krummen Wurzelstock,
und wippt und wirft vom weidnen Ast
die zeisiggrüne Vogellast.

Wie Hagel durch die Hecken klirrt,
von blitzenden Libelln umschwirrt,
steigt er durch Lattich und Geäst,
die Enten jagend aus dem Nest.

Den Stock stößt er ins Muschelweiß,
die Unke ruft im Wasserkreis.
Die Fische ziehn um seine Hand,
löst er die Algen aus dem Sand.

Er bläst auf Gras, sein Lockruf schnalzt,
im Rohr die Bekassine balzt.
Er hebt die Trommel aus dem Arm
und paukt empor den Vogelschwarm.

Die Schritte tönen grillenlaut,
und wiesenblütig raucht das Kraut,
die Mückenwolke summt am Hang,
wiegt er sich im Windzaubergang.

Um totes Holz geht er und pocht,
die Grube alter Früchte kocht.
Die Wespen singen drüber wild,
bis Harz und Honig süßer quillt.

Er teilt das Schilf, das Zittergras
und schwingt den Mond, die Sichel blaß,
und schlägt die Flamme der Salbei
blau brennend in den Kuckucksschrei.

Zerstöbert weht das Blätterdach.
Die grüne Echse raschelt nach.
Ins Weidicht steigt er, wo er haust,
laut paukend, daß der Wind erbraust.

Der glückliche Garten

Einst waren wir alle im glücklichen Garten,
ich weiß nicht mehr, vor welchem Haus,
wo wir die kindliche Stimme sparten
für Gras und Amsel, Kamille und Strauß.

Da saßen wir abends auf einer Schwelle,
ich weiß nicht mehr, vor welchem Tor,
und sahn wie im Mond die mondweißen Felle
der Katzen und Hunde traten hervor.

Wir riefen sie alle damals beim Namen,
ich weiß nicht mehr, wie ich sie rief.
Und wenn dann die Mägde uns holen kamen,
umfing uns das Tuch, in dem man gleich schlief.

II

Cimetière

Der traurige Frühling in Totenhöfen,
in Scherben der Schädel der Blust.
Asche in Urnen aus furchtbaren Öfen,
Gräber, vom Feuer des Himmels berußt,
eiserner Zierat, Prunk und Posaunen, Boten
und Engel mit Schwingen aus Schnee –
aber wer rühmt die geduldigen Toten,
jene vom Mont-de-piété?
Ohne Tränen und Trauergepränge,
ach, sie hatten es immer hart,
ohne Schleifen, ohne Gesänge
wurden sie in den Winkel gekarrt.

Weißhaarige Alte, die an der Ecke
wie eine Straßenheilige stand,
über den Schultern die löchrige Decke,
bettelnd gekrümmt die gichtige Hand,
mußt du auch hier ein Obdach suchen?
Teuer sind Grabstein, Gitter und Grund.
Und die Toten würden noch fluchen,
füllte nicht Erde den zahnlosen Mund.
Brückenbogen und Regengüsse,
Rattennächte, neblig und kühl.
Manche hörten der Freiheit Schüsse,
ehe sie fanden das späte Asyl.

Paris 1928

Lenz

So lebte er hin ...
Büchner

Nachthindurch, im Frost der Kammer,
wenn die Pfarre unten schlief,
blies ins Kerzenlicht der Jammer,
schrieb er stöhnend Brief um Brief,
wirre Schreie an die Braut –
Lenz, dich ließ die Welt allein!
Und du weißt es und dir graut:
Was die alten Truhen bergen
an zerbrochenem Gepränge,
was an Rosen liegt auf Särgen,
diese Botschaft ist noch dein.
Kalter Kelch und Abendmahl.
Und der Gassen trübe Enge.
Und die Schelle am Spital.

Jungfräulicher Morgenhimmel,
Potentaten hoch zu Roß,
Kutschen, goldgeschirrte Schimmel,
Staub der Hufe schluckt der Troß.
Und die Dame schwingt den Fächer.
Und den Stock schwingt der Profoß.
Kirchen, Klöster, steile Dächer,
Mauerring um Markt und Maut.
Schwarz von Dohlen überflogen
Postenruf und Orgellaut.
Im Gewölb, im spitzen Bogen,
stehen sie, in Stein gehauen,
die durch Glorie gezogen,
Landesherren, Fürstenfrauen.

Doch kein Wappen zeigt die Taten:
Hoffart, Pracht und Üppigkeit,
nicht den hinkenden Soldaten,
armes Volk der Christenheit
und das Korn, von Blut betaut –
Lenz, du mußt es niederschreiben,
was sich in der Kehle staut:
Wie sie's auf der Erde treiben
mit der Rute, mit der Pflicht.
Asche in dem Feuer bleiben
war dein Amt, dein Auftrag nicht.

Oh, des Frühjahrs Stundenschläge!
Dünn vom Münster das Geläut.
Durch den Wingert grüne Wege,
wo der Winzer Krume streut.
Auch der Büßer geht im Licht.
Und die schwarzverhüllte Nonne
mit dem knochigen Gesicht
spürt im Kreuzgang mild die Sonne.
Und der Pappeln kühles Schweben
in der Teiche weißem Rauch,
ist es nicht das schöne Leben,
diese Knospe, dieser Strauch?
Im Gehölz, vom Wind erhellt,
schulternackt der Nymphen Gruppe,
und ein Lachen weht vom Fluß –
Doch wer atmet rein die Welt,
wenn er seine Bettelsuppe

täglich furchtsam löffeln muß!
Lenz, du weißt es und dir graut:
Wer sich windet, wer sich beugt,
wer den Lauch der Armut kaut,
ist wie für die Nacht gezeugt.

Horch hinaus in Nacht und Wind!
Wirre Schreie, hohle Stimmen.
Feuer in den Felsen glimmen.
In Fouday blickt starr das Kind.
Bei des Kienspans trübem Blaken
und berauntem Zauberkraut
liegt es auf dem Totenlaken.
Und du weißt es und dir graut.
Schmerz dröhnt auf und schwemmt vom Chore
brennend in dein Wesen ein.
Von der ödesten Empore,
dringend durch die dickste Mauer
– gellend alle Pfeifen schrein –
braust die Orgel deiner Trauer.
Räudig Schaf, es hilft kein Beten!
Unter Tränen wirds dir sauer,
doch du mußt die Bälge treten,
daß es in den Pfeifen gellt –
Lenz, dich friert an dieser Welt!
Und du weißt es und dir graut.
Gott hat dich zu arm bekleidet
mit der staubgebornen Haut.
Und der Mensch am Menschen leidet.

Straßburg/Paris 1927

Corenc

Zerfallnes Haus, Gehöft der Trauer,
der Berg schob sein Geröll.
Der Mörtel brach aus Tor und Mauer,
von Eulen ein Gewöll.

Zersplittert war der Fensterrahmen,
die Distel wuchs ins Haus,
der Ginster streute schwarzen Samen
auf morsche Dielen aus.

Die Sonne schien in Flur und Zimmer
durch Sparren und Gebälk.
Im Spinnweb hing ein goldner Schimmer,
der Ginster wehte welk.

Die Sense stand in Stroh geflochten
verlassen an der Wand.
Wer saß hier nachts bei späten Dochten?
Wer hielt den Herd in Brand?

Im Herd lag noch der Aschenklumpen.
Am Boden Hut und Tuch.
Dort fand ich unter Staub und Lumpen
ein halbverkohltes Buch.

Und las, von einer Hand geschrieben:
Prenez donc votre Croix!
Der Name war im Buch geblieben:
Marie Thérèse Bois.

Aus Fels und Erde drang die Stille,
ich hielt den Atem an.
Leis wetzend tönte nur die Grille
hangher aus schwarzem Tann.

Doch schweigsam starrten Tor und Mauer
im grellen Mittagsschein.
Wer rief mich her? Gehöft der Trauer,
was kehrte ich hier ein?

Nur um das dunkle Wort zu lesen:
Prenez donc votre Croix?
Erahn ich denn, wer du gewesen,
Marie Thérèse Bois?

Hier schrittest du bergan zur Quelle,
hier hacktest du das Feld.
Es lag noch nicht des Tores Schwelle
vom Prall des Steins zerspellt,

Hier trugst du Holz und schürtest Feuer,
hier brannte nachts dein Licht.
Wer kam und stürzte das Gemäuer?
Wer hielt so hart Gericht?

Einödig Haus, aus dem das Leben
vertrieben und verbannt.
Ich sah des Ginsters Schatten schweben
fahl an der bleichen Wand.

O Geisterhauch, verwehte Klage,
die Schatten gingen um,
als schwebten längst vergangne Tage
an Mauern morsch und stumm.

Ich stieg hinab die steilen Stufen
durch Felsenschutt zum Tor.
Und scheuer scholl der Grille Rufen,
das sich im Licht verlor.

Totenregen

Fiel nicht der Regen am Gemäuer,
gern trüge ich hinaus ein Feuer,
zu wärmen, wenn die Wasser waschen,
die armen Toten, armen Aschen.

Dort draußen, wo die Nebel wittern,
im Hof der Weiden, an den Gittern
hörn sie im Wind die alte Klage.
Sie schmecken noch das Brot der Tage.

Ach, daß sie so verwaist verliegen,
so bloß sich in den Moder schmiegen,
ich trüge gern ein neues Linnen
in ihr Gewölb voll Wurm und Spinnen.

Vom Stein wollt ich den Regen schöpfen,
wo säß ein Kind mit weißen Zöpfen.
Sie sehnen sich nach heißen Flammen,
die Kleinen nach dem Tuch der Ammen.

Wo um sie her die Nebel rauchen,
was frommte wohl mein schwaches Hauchen?
Mein Feuer würd ich bald verlieren,
ging ich im Wind, in dem sie frieren.

Der Regen rinnt, die Steine trauern,
die Nacht stößt kalt an Tor und Mauern,
denk ich der Toten, dort vergessen
im Bitterkraut, im Stroh der Kressen.

Der Herbst

Nun rötet sich die braune Mauer,
die rauschend sinkt, vom Wind gestürzt,
die Frauen gehn im Blätterschauer
mit Stangen, Kiepen, schwer umschürzt.
Im dunklen Glaste brennt die Stunde,
wenn sie versengt vom Himmel ruhn,
die Haare feucht, am Mittagsgrunde
auf apfelduftendem Kattun.

Ein Karren fährt mit hohen Brettern
und dampft von nassem Humus schwarz,
und flimmernd weht ein Rauch von Blättern,
ein falber Brand aus Gras und Harz.
Es klirrn die Eisen nicht der Gäule,
sinkt weich der Huf ins gilbe Kraut,
sie blitzen in des Laubes Fäule,
die Sonnenhufe ohne Laut.

O Rost des Sommers, heiße Darren,
die Wucht der Körbe schwankt im Raum;
die Zacken nackt, wie schwarze Sparren,
steht kahl gestürzt schon mancher Baum;
der zeigt ein Nest, der eine Mistel,
die schweflig aus dem Himmel hängt
und wie am Stein die dürre Distel
von milden Flammen ist gesengt.

Die Luft nur schallt, die Stare zanken,
wo über den geteerten Zaun
von Nesseln noch, von Feuerranken
weht das zigeunerische Braun.
Die schwarzen Vögel picken, lärmen
und ziehen in den Äther ein
und brausen wieder an in Schwärmen,
wo aus den Hügeln sprüht der Wein.

Dies ist der Herbst, die braune Mauer,
die rauschend fällt, von Beeren naß,
die Stange sinkt im Blätterschauer,
es ruht der Mensch bei Baum und Gras.
Und seine Seele wohnt im Feuer,
das noch den Staub verwandelnd preist,
süß zündend steigt und am Gemäuer
die Erde aus dem Himmel speist.

Herbst, dunkler Herbst, voller Gerüche,
wo Wind dein Feuer groß beschrie,
wo Laub zu Gold kocht, dunkle Küche
der erddurchflammten Alchimie,
wo Süß und Bitter brennend dampfen,
aus Ockersäften gärt ein Hauch,
die Füße nackt in Keltern stampfen
der goldnen Sonnen Wein und Rauch!

Löwenzahn

Fliegen im Juni auf weißer Bahn
flimmernde Monde vom Löwenzahn,
liegst du versunken im Wiesenschaum,
löschend der Monde flockenden Flaum.

Wenn du sie hauchend im Winde drehst,
Kugel auf Kugel sich weiß zerbläst,
Lampen, die stäubend im Sommer stehn,
wo die Dochte noch wolliger wehn.

Leise segelt das Löwenzahnlicht
über dein weißes Wiesengesicht,
segelt wie eine Wimper blaß
in das zottig wogende Gras.

Monde um Monde wehten ins Jahr,
wehten wie Schnee auf Wange und Haar.
Zeitlose Stunde, die mich verließ,
da sich der Löwenzahn weiß zerblies.

September

Noch nistet die Sonne im Duft.
Noch schleifen die Lerchen ihren Gesang
am Rand der weißen Luft.

Im Kielwasser alter Jahre zieht
der hungrige Pflug.
Die Störche sammeln sich am Ried.

Die Pappeln erglänzen im Silberschauer.
Die Felder sind leer.
Es fiel die sicheldurchblitzte Mauer.

Alte Feuerstelle

Der nachts vor diesem Feuer saß,
vor einem Himmel brandig,
die Zweige brach und hungrig aß,
sein Brot vom Wandern sandig.

Er trug das Brot im Bettelsack,
ganz grau bis in die Rinde.
Es hatte bitteren Geschmack
vom Regen und vom Winde.

Ich seh den Mann im Feuerrauch
noch knien am Distelstrauche.
Er schürt die Glut mit seinem Hauch
und lebt von meinem Hauche.

Ich seh ihn noch am Aschenbrand
und bläulich glühn die Zacken.
Und rußig, wo der Kessel stand,
sind überm Gras die Wacken.

Die Holzglut glimmt am Schuh ihm aus.
Und vor der Lerchenhelle
geht er die Meile an mein Haus,
im Mond der grauen Schwelle.

Er drückt das Schloß mit einem Stein,
steigt ohne Licht die Stiege.
Die Angel läßt ihn breit hinein,
die Kammer, wo ich liege.

Er streift das Bett, wie nah er sitzt,
macht mir das Atmen sauer.
Ich höre, wie er seufzend ritzt
die Schatten in die Mauer.

Und wie er Tisch und Truhe leert
und rückt ins große Schweigen.
Und noch den Staub vom Balken kehrt
und alles nennt sein eigen.

Und wie er anrührt mein Gesicht,
um mir das Wort zu sagen:
Ich war der Docht in deinem Licht,
dein Lachen war mein Klagen.

Er stößt ins Zwielicht mich hinaus,
daß ich sein Leben finde.
Ich gehe arm aus meinem Haus
im bittern Morgenwinde.

Und wo er nachts am Feuer saß,
steh ich am Distelstrauche.
Und wandre seine Spur im Gras,
versengt vom Zackenrauche.

Die Sternenreuse

Daß du noch schwebst, uralter Mond?
Als jung noch deine Scheibe schwebte,
hab ich an einem Fluß gewohnt,
wo nur das Wasser mit mir lebte.
Das Wasser scholl, es war Gesang,
ich schöpfte und mein Atem lauschte,
wie es um Steine tönend sprang
und schäumend schoß und niederrauschte.

Zwei Felsen, wie bestäubt von Ruß
und steil und schmal wie eine Schleuse,
umstanden damals noch den Fluß.
Im Wasser hing die Sternenreuse.
Ich hob die Reuse aus dem Spalt,
es flimmerten kristallne Räume,
es schwamm der Algen grüner Wald,
ich fischte Gold und flößte Träume.

O Schlucht der Welt, des Wassers Schwall
kam wie Gesang: war es mein Leben?
Damals sah ich im dunkeln All
ganz nah die Sternenreuse schweben.

Kreuzspinne

Noch webt die Spinne an der Wand
dem Licht die leise Fessel.
Umschleiert steht der Strauch im Sand,
am Zaun die braune Nessel.

Die Spinne seilt das Feuer fest,
wenn sie den Faden wendet.
Der Herbst duckt sich ins Ödgeäst
und dunkelt, bis sie endet.

Noch hält das Netz der Träume dicht,
mag auch die Mauer dunkeln.
Die Spinne trägt ihr Kreuz ins Licht
und alle Fäden funkeln.

Erst wenn sie immer müder kreist
in immer kältre Räume,
erst wenn ihr leises Seil zerreißt,
durchweht es kahl die Bäume.

Nächtliches Eisfenster

Starb sie verschneit,
die sandlose Hand,
die euch verpflanzte
ins eisige Fenster?
Blumen der Toten
aus kälterem Land,
Bäume der Geister,
Laub der Gespenster?

Wäre mein Hauchen
ein Schwanken der Luft,
Farne, wie rauschtet
ihr blühend gebogen!
Über der Moose
verblichenen Duft
käme vielleicht
ein Vogel gezogen.

Geht dort ein Jäger
im weißen Gefild,
dunkel die Winter
der Fenster zu streifen?
Jagen dort Pfeile
das scheuere Wild,
Schatten, die Flüsse
und Klippen durchschweifen?

Unter dem Himmel,
dem Brunnen vom All,
leben gewaltig
die reißenden Bäche,
wälzender Wolken
Donner und Schall,
Echo der Geister
auf felsiger Fläche.

Aber dein Himmel,
du Fenster voll Wald,
ist wie gemauert
auf eisigen Heiden,
ödester Brunnen,
rauschlos und kalt,
rissig durchwachsen
von frostigen Weiden.

Nur deine Schatten
ertauen im Mond.
Heben dort an
die steinigen Felder,
wo unser Schatten
noch düsterer wohnt
hinter dem Dickicht
der helleren Wälder?

Blumen der Toten
aus kälterem Land,
eisige Flammen
im Wasser der Scheiben –
euch hat das Feuer
der Sterne gesandt,
nächtige Blüten
und Blätter zu treiben.

Havelnacht

Hinter den ergrauten Schleusen,
nur vom Sprung der Fische laut,
schwimmen Sterne in die Reusen,
lebt der Algen Dämmerkraut.

Lebt das sanfte Sein im Wasser,
grün im Monde, unvergilbt,
wispern nachts die Büsche blasser,
rauscht das Rohr, ein Vogel schilpt.

Nah dem Geist, der nachtanbrausend
noch in seinem Flusse taucht,
in dem Schilf der Schleusen hausend,
wo der Fischer Feuer raucht:

Duft aus wieviel alten Jahren
neigt sich hier ins Wasser sacht.
Wenn wir still hinunter fahren,
weht durch uns der Trunk der Nacht.

Die vergrünten Sterne schweben
triefend unterm Ruder vor.
Und der Wind wiegt unser Leben,
wie er Weide wiegt und Rohr.

Die schilfige Nymphe

Die schilfige Nymphe,
das Wasser welkt fort,
der Froschbauch der Sümpfe
verdorrt.

Am Mittagsgemäuer
der Schatten stürzt ein.
Der Hauch tanzt aus Feuer
am Eidechsenstein.

Im Mittag der Kerzen,
im Röhricht, das schwieg,
ist traurig dem Herzen
Libellenmusik.

Die dunkle Libelle
der Seen wird still.
Es tönt nur das grelle
herzböse Geschrill.

Es neigt sich die Leuchte
ins Röhricht hinein.
Der ödhin verscheuchte
Wind kichert allein.

Wintersee

Ihr Fische, wo seid ihr
mit schimmernden Flossen?
Wer hat den Nebel,
das Eis beschossen?

Ein Regen aus Pfeilen,
ins Eis gesplittert,
so steht das Schilf
und klirrt und zittert.

Vorfrühling

Blumen blühn aus Schnee und Feuer.
Sonne streift das dunkle Tor,
wo am kalkigen Gemäuer
sich der Reif der Nacht verlor.

Teiche atmen nebelfreier.
Knospen starren braun und blind.
Und es harkt die weißen Schleier
von den Pappeln fort der Wind.

Licht der Frühe! Bald wird wieder
heilig nisten das Geschwälb,
stäubt das Gold der Büsche nieder,
blüht der Mauerpfeffer gelb.

Wiepersdorf

Wie du nun gehst im späten Regen,
der Mond und Himmel kälter flößt
und auf den laubverschwemmten Wegen
den Riß in die Gespinste stößt,
flammt über Tor und Efeumauer,
die Gräber wärmend, noch ein Blitz.
Und flatternd schreit im hellen Schauer
das düstre Volk am Krähensitz.

Dann ist es still. Der Teich der Unken,
das schuppiggrüne Algenglimmen
tönt klagend nur und dünn und hohl,
metallner Hall in Nacht versunken.

Wo gingt ihr hin? – Geliebte Stimmen,
unsterbliche, wo seid ihr wohl?

Zunehmender Mond

Arm in meiner Kammer lebend
und ein Knecht, der bitter front,
manchmal aber, sichelschwebend,
wär ich gerne nachts der Mond.
Schöne Sichel,
kommst geflogen,
Himmelsbrücke
hell gebogen.

Strahlt der rissigblinde Spiegel,
wie wird meine Kammer weit!
Wolke steigt als Silberhügel,
glänzt am Dach die Sichel breit.
Korn und Saaten,
Teiche flimmern,
Distelkronen
eisig schimmern.

Rauschend regt sich der Holunder,
der die Zweige tauig hebt,
wenn es voll und immer runder
leuchtend in die Nächte schwebt.
Blüte, willst du
mich betäuben?
Blust der Nacht, du
wirst zerstäuben.

Unter Ahornbäumen

Die Sonne springt, ein weißes Geißlein,
von Ahornschatten schön gefleckt,
durchs dichte Gitter grüner Zweige,
wo sie sich scheu ins Goldne streckt.

Wie eine schnelle Töpferscheibe
dreht sich am Boden flach der Wind,
auf dem ein Blätterwirbel steht:

ein Napf aus Laub und andre Zeichen,
als liefen geisterhafte Füße
hell übers heiße Blumenbeet.

Von Nacht übergraut

Von Nacht übergraut
von Frühe betaut
so zogest du fort.

Du winkst und es wehn
die dämmernden Seen
im Traum noch dein Wort.

Im Sande verrollt
die Woge aus Gold.

Und winkt es auch her:
Du bist es nicht mehr.

III

Späte Zeit

Still das Laub am Baum verklagt.
Einsam frieren Moos und Grund.
Über allen Jägern jagt
hoch im Wind ein fremder Hund.

Überall im nassen Sand
liegt des Waldes Pulverbrand,
Eicheln wie Patronen.

Herbst schoß seine Schüsse ab,
leise Schüsse übers Grab.

Horch, es rascheln Totenkronen,
Nebel ziehen und Dämonen.

1933

Zwölf Nächte

Zwölf Nächte nahen weiß verhüllt,
aus Urnen stäubt der Schnee.
Die geisterhafte Asche füllt
den nebelgrauen See.

Die Elster flattert schwarz und weiß
im schattenlosen Wind.
Zerfetzte Kiefern knarrn im Eis,
das Land liegt maulwurfsblind.

Nicht ruhn bei Münzen, Ring und Krug
die Toten unterm Stein.
Der Mond weht wie ein weißer Spuk.
Die Öde hüllt sie ein.

Die Dämmerung von Stimmen hallt,
die nie ein Ohr erlauscht.
Die Toten gehn, wo überm Wald
die kalte Asche rauscht.

Und gräbst du durch das Eis der Nacht,
wie es der Spruch gewollt,
dein Spaten schürft und hebt im Schacht
der Fäulnis fahles Gold.

Du findest nur den Schmerz der Zeit,
die Erde feucht vom Blut.
Und unterm Schutt, zum Biß bereit,
der Schlangen nackte Brut.

Zertritt ihr Haupt und scheu den Biß.
Horch in den Wind, bleib stumm.
Noch herrscht der Glanz der Finsternis,
noch geht der Würger um.

Doch nicht erstickt der Nacht Gewalt
der Seele stilles Licht.
Weht auch der Hauch der Asche kalt,
die Finsternis zerbricht.

1938

Deutschland

I

Barg sich auch Feuer und Gold genug
unter den schweren Wurzeln im Wald,
Deutschland ist dunkel, Deutschland ist kalt.

Wo die Flamme rußte im Ring,
klebte das Salz der Träne am Krug,
rann durchs Bahrtuch klagend das Blut.

Niemals aber im Frühtau ging,
hell gerufen von Stimmen stark,
in den Augen gekreuzigte Glut,
nackten Fußes eine Jeanne d'Arc.

1927

II

Späteste Söhne, rühmet euch nicht,
einsame Söhne, hütet das Licht.
Daß es von euch in Zeiten noch heißt,
daß nicht klirret die Kette, die gleißt,
leise umschmiedet, Söhne, den Geist.

1933

III

Welt der Wölfe, Welt der Ratten.
Blut und Aas am kalten Herde.
Aber noch streifen die Schatten
der toten Götter die Erde.

Göttlich bleibt der Mensch und versöhnt.
Und sein Atem wird frei wieder wehen.
Wenn auch die heulende Rotte höhnt,
sie wird vergehen.

1939

Der Rückzug

I

Ich sah des Krieges Ruhm.
Als wärs des Todes Säbelkorb,
durchklirrt von Schnee, am Straßenrand
lag eines Pferds Gerippe.
Nur eine Krähe scharrte dort im Schnee nach Aas,
wo Wind die Knochen nagte, Rost das Eisen fraß.

II Die Schwalbe

Weißbrüstige Schwalbe,
dein Schnabel ritzt
das grau sich kräuselnde Wasser
an Schilf und Toten vorbei
im gleitenden Flug.

Ich hörte den windschnellen Schrei
und sah dich aus lehmigem Loch,
hinter klagendem Draht, entwurzelten Weiden,
wo es verwest und brandig roch.

Zwischen den beiden
Sicheln des Mondes wurde ich alt
wie der blutgetränkte Fluß,
wie der aschig trauernde Wald.

III

Am Bahndamm rostet das Läutwerk.
Schienen und Schwellen starren zerrissen,
zerschossen die Güterwagen.

Auf der Chaussee,
den Schotter als Kissen,
vom Sturz zersplitterter Pappeln erschlagen
liegt eine Frau im schwarzen Geäst.

Noch klagt ihr Mund
hart an der Erde.
In offene Augen
fällt Regen und Schnee.

O Klage der Mütter,
nicht löschen die Tränen
die Feuer der Schlacht.

Hinter der Hürde des Nebels,
Schnee in den Mähnen,
weiden die toten Pferde,
die Schatten der Nacht.

Sie spürten mich auf. Der Wind war ihr Hund.
Sie schritten die Schattenchausseen.
Ich lag zwischen Weiden auf moorigem Grund
im Nebel verschilfter Seen.
Die Nacht nach Rohr und Kalmus roch,
des Zwielichts bittere Laugen
erglänzten fahl im Wasserloch.
Da sah ich vor meinen Augen
den Trupp von Toten, im Tod noch versprengt,
entkommen der Feuersbrunst,
von aschigem Stroh die Braue versengt,
geschwärzt vom Pulverdunst.

Sie gingen durch Pfahl und Stacheldraht
vorbei am glosenden Tank
und über die ölig verbrannte Saat
hinunter den lehmigen Hang
und traten, gebeugt von modernder Last,
aus wehendem Nebelgebüsch.
Am Wasser suchten sie späte Rast,
ein Stein war ihr Hungertisch.
Kalt kam die Frühe im Krähenflug.
Sie starrten den Himmel an.
Da sah ich mich selber im grauen Zug,
der langsam im Nebel zerrann.

O schwebende Helle, du kündest den Tag
und auch die Schädelstätte.
Zerschossen die Straße, zerschossen der Hag,
zermalmt von des Panzers Kette.
Ich schmeckte am Gaumen Sand und Blut
und kroch zum See, die Lippen zu feuchten.
Und sah der Sonne steigende Glut
im nebligen Wasser leuchten.

V

Des Frühjahrs Regengüsse,
distelsausende Nacht.
Den qualmigen Nebel der Flüsse
saugen die ausgehöhlten Weiden ein
wie längst verstorbener Feuer Rauch.

Im wirbelnden Wasser mahlt der Stein
das weiße Hirn verfaulter Nüsse,
knochige Äste, Scherben aus Ton,
das Gold der Herbste, schwarz im Sand,
es knirscht Gebein,
das treibende, das keine Ruhe fand.

VI

Wo schlammt ein Loch im Nebelrauch,
wo Rinde häutet ab der Strauch,
wo kahl ein Fingerzacken streift
das Habichtskraut, das sich bereift,
wo nagelrostig starrt ein Brett,
begrub die Nacht die letzte Spur,
des Todes armes Amulett,
das dünne Blech an dünner Schnur.

VII

Des Krieges fette Ratte tragend,
huscht es vorbei im kalten Flur,
die Krallen wund, katzmäulig klagend.
Der Pappel Schatten mißt die Nacht,
der Sand füllt still die Stundenuhr.

Im Laubloch fault der Schnee zu Tau.
Des Fährmanns Eisen hallt im Rohr,
im Mund der Toten rostet Geld.
Der Trauer Hunde stehn am Tor,
rauh kläffend, wenn der Regen fällt.

VIII

O Nacht der Trauer, Nacht April,
die ich im Feuerdunst durchschwamm,
umweht vom schwarzen Wassergras,
als schwankte Haar auf trübem Schlamm,
mit Pfählen treibend und mit Brettern,
mit Knäuln von Ästen und mit Aas,
versengtem Schilf, vereisten Blättern,
flußabwärts mit den Toten still.

O Grund der Welt, noch ungebunden,
o Pflug, der Gräber nicht verletzt,
o Mensch, verloren und gefunden,
auf morschem Floß noch ausgesetzt,
o öder Anhauch bleicher Lippen,
mit Blut und Regen kam der Tag,
da auf des Flusses steingen Rippen
das Morgenlicht zerschmettert lag!

Der Vertriebene

Am Wege, wo das Volk vor Kesseln hockt
im Qualm der Feuerlöcher, Staub der Wagen,
wo magre Pferde weiden angepflockt
und Deichseln schräg und Stangen ragen,

schirrt er nun ab, im heißen Karrensand,
und klirrend fällt die schwere Ochsenkette.
Die weißen Tiere, aus dem Joch gespannt,
sie finden langsam grasend eine Stätte.

Er aber weiß nicht, was die Dämmrung schickt,
und spähend geht er über fremde Brache.
Und wenn er ruhlos nachts zum Himmel blickt,
sieht er durchlöchert seines Wagens Plache.

Das Karrendach zerriß manch Dorn und Ast
und endlos dehnt sich noch der Wälder Stille.
Er warf die Matte ab zur harten Rast:
Was klagt der Vogel nachts? Was schreit die Grille?

Griechischer Morgen

Perlgraue Feder im Sand,
die der Vogel verlor,
als er am Rand der Morgenröte
flog aus dem Nebel empor,
zarteste Kraft des Halms,
der die Erde durchstößt,
tauiger Ölbaum, Wasser des Bachs,
darf ich euch preisen,
eh nicht der Mensch den Menschen erlöst?

Sonne des Todes, bitteren Tau,
schmeckt der Gefangne,
gräbt er die Grube im Morgengrau.
Greifen die Hände an Wurzel und Stein,
über der felsigen Mauer der Wein,
lichtes Gehölz und Himmel und Meer
sind wie Lippen schweigsam und schwer.

Steht er am Abhang der Sterne allein,
o des Himmels verhaltener Gruß,
steht er gefesselt, sein Auge preist
unsterbliches Land,
das Freiheit heißt,
atmende Erde, Feuer der Frühe,
ehe ins Dunkel
die Kugel ihn reißt.

Heimkehr

Unter der schwindenden Sichel des Mondes
kehrte ich heim und sah das Dorf
im wäßrigen Dunst der Gräben und Wiesen.

Soll ich wie Schatten zerrissener Mauern
hausen im Schutt, das Tote betrauern,
soll ich die schwarze Schote enthülsen,
die am Zaun der Sommer vergaß,
sammeln den Hafer rissig und falb,
den ein eisiger Regen zerfraß?
Fauliger Halm auf fauligem Felde –
niemand brachte die Ernte ein.
Nessel wuchert, Schierling und Melde,
Hungerblume umklammert den Stein.

Aber am Morgen,
es dämmerte kalt,
als noch der Reif
die Quelle des Lichts überfror,
kam eine Frau aus wendischem Wald.
Suchend das Vieh, das dürre,
das sich im Dickicht verlor,
ging sie den rissigen Pfad.
Sah sie schon Schwalbe und Saat?
Hämmernd schlug sie den Rost vom Pflug.

Da war es die Mutter der Frühe,
unter dem alten Himmel
die Mutter der Völker.
Sie ging durch Nebel und Wind.
Pflügend den steinigen Acker,
trieb sie das schwarzgefleckte
sichelhörnige Rind.

Nachbemerkung

Die Gedichte dieses Bandes entstanden in den Jahren 1925 bis 1947. Sie stellen eine vom Verlag getroffene Auswahl dar, welcher Peter Huchels 1948 erschienene erste Gedichtsammlung sowie Einzelveröffentlichungen zugrunde liegen. Nachstehend von einigen in Anthologien und Zeitschriften veröffentlichten Arbeiten das Ersterscheinungsjahr: Die Magd 1931, Der Knabenteich 1932, Kinder im Herbst 1932, Löwenzahn 1932, Alte Feuerstelle 1932, Der Zauberer im Frühling 1932, Oktoberlicht 1932, Herkunft 1933, Havelnacht 1933, Späte Zeit 1933. Corenc, Löwenzahn, Totenregen, Cimetière, Die Sternenreuse, Der Herbst, Lenz wurden 1927 und 1928 in Paris und in Südfrankreich geschrieben.

Inhaltsverzeichnis

I

II